OSVALDO CASTRO

Mestre e Doutor em Teoria Geral e Filosofia do Direito
pela Universidade de São Paulo. Professor Adjunto de
Direito Constitucional na Universidade Federal do Mato
Grosso do Sul.

TÓPICA, HERMENÊUTICA E ARGUMENTAÇÃO NO DIREITO

EDITORA MERAKI

Acompanhamento editorial Leonam Liziero
Capa Leonam Liziero
Diagramação Mateus Souza

Editora Meraki
Conselho Editorial
Alexandre Walmott Borges (UFU)
Alessandra Silveira (UMinho)
Ari Marcelo Solon (USP)
Dawid Bunikowski (UEF)
Diva Julia Safe Coelho (PNPD-CAPES/UFU)
Felipe Magalhães Bambirra (UniALFA)
Gonçal Mayos (UB)
José Carlos Remotti (UAB)
Osvaldo Alves de Castro Filho (UFMS)
Saulo Pinto Coelho (UFG)

C355 Castro, Osvaldo

Tópica, Interpretação e Argumentação Jurídica / Osvaldo Alves de Castro Filho. Andradina: Meraki, 2020.

    Bibliografia

    ISBN 9798664412956

    1. Tópica jurídica 2. Hermenêutica Jurídica 3. Argumentação Jurídica

    1. Título

    CDU - 340   CDD – 340.1

DEDICATÓRIA

Dedico esse livro à Professora Mônica Sette Lopes por ter colocado sua magnífica biblioteca à minha disposição. Seu acervo foi fundamental para a elaboração desses estudos.

SUMÁRIO

AGRADECIMENTOS

Agradeço aos Professores Tercio Sampaio Ferraz Jr, Celso Lafer e Elza Boiteux pela oportunidade de trabalhar como assistente deles na graduação da Faculdade de Direito da Universidade de São Paulo, onde tive o desafio de me aprofundar sobre os conteúdos temáticos abordados nesse livro. Ademais, devo manifestar minha gratidão também ao Professor Mario G. Losano, sobretudo, no que se refere aos aportes teóricos relacionados a Norberto Bobbio. Sou muito grato também aos bibliotecários e servidores da Biblioteca da Faculdade de Direito da USP e da Biblioteca Particular do Professor Paulo Emílio Ribeiro de Vilhena (in memoriam). Registro ainda o papel fundamental do Professor Leonam Liziero para a publicação dos originais. Sem o seu empenho e incentivo talvez essa obra não fosse concluída e publicada.

PREFÁCIO

O interesse pela Teoria do Direito (e seus derivados) cresce entre os estudantes de graduação e pós-graduação. O ensino jurídico no Brasil, nos últimos 30 anos, em grande parte foi dominado por um torpor baseado em fetichismo principiológico. Teóricos essenciais do Direito, em sua estranha recepção no Brasil, foram santificados ou demonizados, conforme sua posição e seu uso em prol meramente argumentativo.

Muito propagado a partir da década de 1990 por nomes como Luís Roberto Barroso, o "pós-positivismo" é o resultado de um estranho sincretismo entre teorias estrangeiras e problemas brasileiros, sendo que estes, em razão de sua especificidade, necessitam de cuidadosa adaptação e localização.

Felizmente, somando-se à já conhecidos defensores do pensamento jurídico de qualidade no Brasil, com pesquisas sérias e cuidadosas, surgem novas vozes numa jornada contra o obscurantismo principiológico disseminado e que comprometeu a educação jurídica de milhares e milhares de bacharéis formados nestas três décadas. Osvaldo Castro é uma dessas vozes.

A obra que tenho a satisfação em prefaciar tem uma

1

interessante característica, que também adjetiva obras como O Caso dos Exploradores de Cavernas (Lon Fuller) e A Força Normativa da Constituição (Konrad Hesse): é curta, mas com camadas que somente são percebidas após algumas leituras. Tal como uma broca de diamante policristalino compacto, usada para perfuração petrolífera, a largura não é de amplo tamanho, mas a profundidade alcançada é digna de nota.

Osvaldo Castro inicia esta sua obra explicando o desenvolvimento e a concepção da Tópica, sobretudo sua (re)emergência na segunda metade do Século XX. Em seguida, apresenta a recepção e discussões acerca da obra de Viehweg. Finalmente, nos dois últimos capítulos, mostra vinculação entre a Tópica e a Hermenêutica Jurídica e a aplicabilidade na decisão jurídica.

Dos estudantes de graduação aos que já concluíram o doutorado, esta obra é recomendada. Estou certo de que o presente livro trará muitas reflexões e os ajudará a compreender o que é a Tópica e sua importância para a teoria da argumentação jurídica.

Leonam Liziero
Doutor em Teoria e Filosofia do Direito pela UERJ, com Pós-Doutorado em Direito pela UFRJ. Professor do PPGCJ/UFPB

1

CONSIDERAÇÕES PRELIMINARES

Pelo título do livro poder-se-ia presumir tratar-se de estudo sobre hermenêutica, teoria da argumentação e tópica. Embora aborde cada uma destas temáticas, ele constitui, sobretudo e especialmente, uma análise do papel da tópica no desencadear da interpretação jurídica e o que ela representa no desenvolvimento da teoria da argumentação no direito.

O estudo partirá de breve exame do desenvolvimento histórico da tópica, desde sua origem – que remonta ao patrimônio cultural e intelectual do mediterrâneo, passando por Aristóteles, Cícero, entre outros – até o período anterior à retomada dos estudos retóricos no âmbito jurídico.

Em seguida, versará sobre a tópica jurídica propriamente dita, pois, como é sabido, a retomada da tópica se deu em várias áreas das ciências humanas. Na ciência do Direito, foi precursora a obra *Tópica e Jurisprudência* de Theodor Viehweg, apresentada, originariamente, como Tese de Livre Docência na Faculdade de Direito da Universidade de Munchen. O atual debate sobre a cientificidade do Direito será situado considerando e expondo a repercussão que os denominados estudos "tópico-retóricos" obtiveram neste âmbito.

Na sequência, serão abordadas as críticas que a tópica jurídica recebeu, recapitulando-se algumas das ponderações que a fizeram vários teóricos do direito.

Após, considerar-se-á a relação entre tópica e hermenêutica, salientando as transformações empreendidas na esfera da interpretação jurídica pelos estudos tópicos. O direito lida com o que é geralmente aceito, com o senso comum. Portanto, mencionar-se-á o equívoco, cometido no século XIX, de se buscar uma correção na esfera jurídica. O método demonstrativo é impróprio para o direto, tendo em vista que as questões jurídicas não envolvem uma situação de verdade e falsidade e sim de ponderações que visem à descoberta de argumentos plausíveis, aceitáveis.

O que fazem os juristas? Interpretam, lidam com normas, decidem. Estes procedimentos se realizam mediante situações argumentativas, em que é preciso haver convencimento. A retórica direciona-se neste sentido, logo, torna-se extremamente relevante estudarmos o papel da tópica na hermenêutica jurídica e na teoria da argumentação

.

2

O DESENVOLVIMENTO HISTÓRICO DA TÓPICA

Aquilo que mais tarde Aristóteles chamou de *tópica* remonta ao patrimônio cultural e intelectual do mediterrâneo. Apareceu, antes dele, em diferentes exercícios da retórica, com o nome de *euresis, inventio, ars inveniendi*, entre outros.[1]

Tópicos é o título de uma das obras que compõe o *Organon* de Aristóteles.[2] Nele[3], o estagirita trata do *silogismo dialético*, isto é, o silogismo que parte de premissas basicamente fundadas sobre a *opinião*, ou seja, sobre elementos que parecem aceitos por todos, ou aceitáveis para a maioria, e oferecem, portanto, tipos de argumentação puramente *prováveis*.

---

[1] FERRAZ JR., Tercio Sampaio. **Introdução ao estudo do direito**; técnica, decisão, dominação. 3ª edição. São Paulo: Atlas, 2001, p. 322.

[2] Aristóteles. **Organon** (Livros I-VI). Tópicos – V. Tradução, prefácio e notas de Pinharanda Gomes. Lisboa: Guimarães Editores, 1987. Aristote. **Organon** (Livres I-VIII). Topiques – V. Nouvelle traduction et notes par J. Tricot. 12ª édition. Paris: Librairie Philosophique J. Vrin, 1950.

[3] REALE, Giovanni. **História da filosofia antiga** (Volumes I-V). Volume II. Tradução de Henrique Cláudio de Lima Vaz e Marcelo Perine. São Paulo: Loyola, 1994, p. 451.

A teoria do *silogismo em geral*[4] refere-se à mera correção formal de inferência; a teoria do *silogismo científico* ou demonstração refere-se também ao conteúdo de verdade da inferência, que depende da verdade das premissas. Só existe silogismo científico quando as premissas são verdadeiras e têm as características acima examinadas. *Quando as premissas, em vez de verdadeiras, são simplesmente prováveis, isto é, fundadas na opinião, então se terá o silogismo dialético*[5], estudado por Aristóteles nos *Tópicos*.

---

[4] REALE, G. **História da filosofia antiga**. Volume II, p. 465.

[5] O fim que esse tratado se propõe é encontrar um método a partir do qual possa constituir, em torno a qualquer formulação de pesquisa proposta, silogismos que partam de elementos *fundados na opinião*, e a partir do qual não diga nada de contraditório em relação à tese que nós mesmos defendemos. Antes de tudo é preciso, então, dizer o que é um silogismo e as diferenças que distinguem a sua esfera, a fim de que possamos assumir o *silogismo dialético*: no presente tratado indagamos, de fato, este último. Silogismo é, propriamente, um discurso no qual, postos alguns elementos, resulta necessariamente, através dos elementos estabelecidos, algo diferentes deles. Tem-se assim, de um lado, demonstração, quando o silogismo é construído e deriva de elementos verdadeiros e primeiros, ou de elementos tais que assumam o princípio do conhecimento que lhes diz respeito através de certos elementos verdadeiros e primeiros. *Dialético é, por outro lado, o silogismo que conclui de elementos fundados na opinião.* Elementos verdadeiros e primeiros são, ademais, os que tiram a sua credibilidade, não de outros elementos, mas de si próprios: diante dos princípios das ciências, não é necessário buscar ulteriormente o porquê, e é preciso, ao invés, que cada princípio seja por si mesmo digno de fé. *Fundados na opinião são, ao contrário, os elementos que se mostram aceitáveis a todos, ou à grande maioria, ou aos sábios, e entre esses, ou a todos, ou à maioria deles, ou aos especialmente célebres e ilustres.* Tópicos, A 1, 100 a 18-b 23. Conferir, também, REALE, G. **História da filosofia antiga**. Volume II, pp. 465 e 466.

Tópicos (*topoi*[6]) significa *lugares* e indica, metaforicamente[7], os quadros ideais nos quais entram e, portanto, dos quais se extraem os argumentos, como *sedes et quasi domicilia argumentorum*. No *Organon*, em linhas gerais, é encontrada a distinção aristotélica entre raciocínios analíticos e dialéticos. Os raciocínios analíticos são aqueles que, partindo de premissas necessárias, ou pelo menos indiscutivelmente verdadeiras, redundam, graças a inferências válidas, em conclusões igualmente necessárias ou válidas. Os raciocínios analíticos transferem à conclusão a necessidade e a verdade das premissas: é impossível que a conclusão seja falsa, se o raciocínio foi feito corretamente, a partir de premissas corretas.[8]

Os raciocínios dialéticos[9] que Aristóteles examinou

---

[6] *Topoi* são, para Aristóteles, pontos de vista utilizáveis e aceitáveis em toda parte, que se empregam a favor ou contra o que é conforme a opinião aceita e que podem conduzir à verdade. (...) Aristóteles termina sua exposição com estas palavras: "os *topoi*, enumerados de um modo mais ou menos completo, são os que nos podem ajudar, em relação a cada problema, a obter raciocínios dialéticos". (Tópicos. VII. 5. 14). VIEHWEG, Theodor. **Tópica e jurisprudência**. Tradução de Tercio Sampaio Ferraz Jr. Brasília: Departamento de Imprensa Nacional, 1979, pp. 26 e 27.

[7] CÍCERO, M. T. **De oratore**. 2, 39, 162. Ver, ainda, Aristóteles. Tópicos. H, *in fine*. REALE, G. **História da filosofia antiga**. Volume II, p. 467.

[8] PERELMAN, Chaïm. **Lógica jurídica**. Tradução de Vergínia K. Pupi. São Paulo: Martins Fontes, 2000, p. 01.

[9] Os raciocínios dialéticos distinguem-se dos demais pela índole de suas *premissas*, o que é característico deste modo de pensar. Aristóteles faz, pois, uma classificação, ao menos nos fundamentos, dos raciocínios de acordo com a índole de suas premissas. Raciocínios dialéticos são aqueles que têm como premissas opiniões acreditadas e verossímeis, que devem contar com aceitação (*endoxa*). VIEHWEG, T. **Tópica e jurisprudência**, p 25. Em que os raciocínios dialéticos diferem

nos Tópicos, na Retórica e nas Refutações Sofísticas se referem não às demonstrações científicas, mas às deliberações e às controvérsias. Dizem respeito aos meios de persuadir e convencer pelo discurso, de criticar as teses dos adversários, de defender e justificar as suas próprias, valendo-se de argumentos mais ou menos fortes.

Em 44 a.C., Cícero deu uma nova abordagem à Tópica Aristotélica, obtendo grande repercussão histórica. Obra dedicada ao jurista Trebatius, diferencia-se da Tópica Aristotélica[10], substancialmente, por intentar elaborar e aplicar um catálogo de *topoi*, ou seja, Cícero possui a expectativa de uma aplicabilidade (utilidade) prática para a tópica, que ele entendeu como *praxis* da argumentação, ao passo que Aristóteles, embora não de modo exclusivo, almeja, prioritariamente, formar uma teoria.[11]

---

dos raciocínios analíticos e do silogismo dialético, chamado *entitema*, do silogismo rigoroso da lógica formal? Aristóteles nos que diz que no *entitema* não são enunciadas todas as premissas – submetendo-se que são conhecidas ou aceitas pelo auditório – e aquelas em que nos fundamentamos seriam apenas verossímeis ou plausíveis: a estrutura do raciocínio dialético seria, quanto ao resto, a do silogismo. PERELMAN, C. **Lógica jurídica**, p. 03.

[10] Aristóteles projetou em sua tópica uma teoria da *dialética*, entendida com arte de discussão, para a qual ofereceu um catálogo de *topoi* estruturado de forma flexível e capaz de prestar consideráveis serviços à práxis. Isso interessou a Cícero. Este entendeu a tópica como uma *praxis da argumentação*, a qual maneja o catálogo de *topoi* que ele esquematizou bastante. Enquanto Aristóteles trata, em primeiro lugar, ainda que não de modo exclusivo, de formar uma teoria, Cícero trata de aplicar um catálogo de *topoi* já pronto. Àquele interessam essencialmente as causas; a este, em troca, os resultados. VIEHWEG, T. **Tópica e jurisprudência**, p 31.

[11] VIEHWEG, T. **Tópica e jurisprudência**, pp 27 e 32.

Em Cícero[12] desaparece a distinção entre o apodítico[13] e o dialético mas, em seu lugar, surge uma distinção – de origem estóica – entre a invenção e a formação do juízo. A tópica surge precisamente no campo da invenção, da obtenção de argumentos; e um argumento é, para Cícero, uma razão que serve para convencer de uma coisa duvidosa (*rationem quae rei dubiae faciat fidem*); os argumentos estão contidos nos lugares ou *loci* – os *topoi* gregos –, que são, portanto, sedes ou depósitos de argumentos.[14] A formação do juízo, pelo contrário, consistiria na passagem das premissas para conclusão.

No direito civil romano, rememora Karl Larenz[15], os tópicos assumiram a forma de decisões de casos, que eram abstraídos do caso decidido de tal modo que "podiam facilmente ser reformulados em uma regra". Também a Jurisprudência do *mos italicus*, da Baixa Idade Média, procedia "topicamente".

---

[12] ATIENZA, Manuel. **As razões do direito**; teorias da argumentação jurídica. 2ª edição. Tradução de Maria Cristina Guimarães Cupertino. São Paulo: Landy, 2002, pp. 64 e 65.

[13] Apodítico significa o que exprime uma necessidade lógica, e não um simples fato empírico, apresentando uma natureza evidente e indubitável (diz-se de proposição) [exemplo: 2 + 2 = 4]. Derivação, por extensão de sentido, o que não pode ser refutado, contradito, contestado; indiscutível, que se mostra convincente em função das evidências, que convence; evidente. Sua etimologia remonta ao vocábulo grego *apodeiktikós,ê,ón* "demonstrativo, própria para convencer", de *apódeiksis* "prova, demonstração", de *apodeíknumi* "fazer ver, mostrar", pelo lat.imp. *apodicticus,a,um* "apodíctico, peremptório, sem réplica, decisivo".

[14] GARCÍA AMADO, Juan Antonio. **Teorías de la tópica jurídica**. Madrid: Civitas, 1988, p. 68.

[15] LARENZ, Karl. **Metodologia da ciência do direito**. 3ª edição. Tradução de José Lamengo. Lisboa: Calouste Gulbenkian, 1997, p. 203.

A tópica faz parte da retórica que, na Idade Média, prevaleceu por meio das artes liberais integrando o *Trivium* (Gramática, Retórica e Dialética). Era um modo de pensar paralelo ao modelo geométrico euclidiano. Ao contrário do modelo tópico, o sistemático-dedutivo terá grande êxito no conhecimento ocidental, mais precisamente, com o advento do método cartesiano.

Mesmo não tendo a mesma fortuna do racionalismo moderno e do método matemático cartesiano, os *loci* (catálogos de *topoi*), enquanto meios auxiliares para orientação na discussão de problemas, lembra Tercio Sampaio Ferraz Jr.[16], multiplicaram-se no correr dos séculos. Assim, ainda que desprestigiados, eles mereceram a atenção em obras importantes. A famosa *Logique* de Porte Royal (1662) de Arnault, A./Nicole, P., publicada sob o título *Logique ou l'art de penser* definia e classificava os *topoi* em *loci gramatici*, *logi logici*, *loci metaphysici*. Leibniz também se ocupou da tópica em sua *dissertatio De nostri temporis studiorum ratione* (1708), que antecedeu em 17 anos sua *La scienza nuova* (1725) em que aborda propriedade e o aprofundamento da tópica como os *instrumenta scientiarum* dos antigos.

No Direito civil moderno[17] introduziu Jehring, com a categoria do interesse, um "tópico" que "não cessou de ganhar importância". A análise do conceito de interesses permitiu encontrar "um grande número de novos argumentos jurídicos", argumentos que "não deixaram de em grande parte alcançar reconhecimento generalizado".

---

[16] FERRAZ JR., T. S. **Introdução ao estudo do direito**, pp. 322 e 323.
[17] LARENZ, K. **Metodologia da ciência do direito**, p. 203.

3

TÓPICA JURÍDICA

A tópica ressurgiu na Europa do pós-guerra. As proposições tópicas serão desenvolvidas, de certa maneira, em diversas disciplinas como a ciência política, a sociologia, a teoria literária, a filosofia e, entre elas, também, a jurisprudência (ciência do direito). A retomada dos estudos tópicos parece datar de 1948 com a publicação da obra de Ernst Robert Curtius[18] sobre literatura europeia e latinismos na Idade Média.

No campo do direito, os estudos da tópica foram retomados em Tópica e Jurisprudência de Theodor Viehweg. Embora haja objeções apontando semelhanças entre esta e outras que a precederam[19], não há dúvidas de que esta Tese de Livre Docência, apresentada à Faculdade de Direito da Universidade de

---

[18] CURTIUS, Ernst Robert. **Europäische Literatur und lateinisches Mittelalter**. Bern: Francke, 1948. Neste sentido, conferir ATIENZA, M. **As razões do direito**, p. 60. Ver, também, entre outras menções, a referência em que Viehweg relaciona sua concepção de *topoi* com a de E. R. Curtius. VIEHWEG, T. **Tópica e jurisprudência**, p. 38.

[19] Neste sentido, verificar ATIENZA, M. **As razões do direito**, pp. 60 e seguintes.

Munchen, representa o referencial da recente discussão tópico-retórica no âmbito jurídico.

O ponto mais importante no exame da tópica, observou Viehweg[20], constitui a afirmação de que se trata de uma *techene* do pensamento que se orienta para o problema. Esta técnica de pensar por problemas tem sua origem na retórica e se contrapõe ao tipo de pensamento sistemático-dedutivo. Ora – lembra João Baptista Machado, em prefácio que fez, como tradutor, na obra *Introdução ao Pensamento Jurídico* de Karl Engisch[21] - como a estruturação da Jurisprudência apenas pode ser definida a partir do problema (visto que seus mesmos conceitos e enunciados se mantêm estritamente vinculados aos problemas e só podem ser entendidos a partir deles), deve-se ver na *tópica* o modelo estrutural do discorrer dos juristas.

Uma[22] sistemática dedutiva estrita não pode resolver os problemas da Jurisprudência: a ciência jurídica não conseguirá jamais eliminar, mediante a

---

[20] VIEHWEG, T. **Tópica e jurisprudência**, p 33. Tercio Sampaio Ferraz Jr., prefaciando como tradutor esta obra, preconizará que as teorias do direito são teorias com função social e, para exercerem e por exercerem esta função, elas utilizam-se de um estilo de pensamento denominado tópico. A tópica não é propriamente um método, mas um estilo. Isto é, não é um conjunto de princípios de avaliação da evidência, cânones para julgar a adequação de explicações propostas, critérios para selecionar hipóteses, mas um modo de pensar por problemas, a partir deles e em direção deles. Assim, num campo teórico como o jurídico, pensar topicamente significa manter princípios, conceitos, postulados, com um caráter problemático, na medida em que jamais perdem sua qualidade de tentativa, p. 03.

[21] ENGISCH, Karl. **Introdução ao pensamento jurídico**. Tradução e prefácio de J. B. Machado. 2ª edição. Lisboa: Calouste Gulbenkian, 1964. pp. XVIII e XIV.

[22] ENGISCH, K. **Introdução ao pensamento jurídico**, p. XIV.

tentativa de uma sistematização axiomática, a necessidade do recurso ao pensamento tópico retórico. Antes de mais, porque este tipo de pensamento intervém, desde logo, na escolha dos axiomas ou conceitos fundamentais. Depois, porque as cadeias dedutivas na Jurisprudência nunca levam muito longe, pois são, a cada passo, interrompidas pela irrupção de novos pontos de vista problemáticos. De resto, sempre que uma dedução conduz a um resultado insatisfatório enquanto resposta à questão nuclear, é o problema a irromper no seio do sistema, a quebrá-lo, e a exigir o recurso a um novo *topos* ou ponto de vista. O recurso ao pensamento tópico é ainda de preceito nos conflitos de sistemas e na aplicação do ordenamento jurídico às concretas situações da vida. Na verdade, o centro de gravidade desta operação que é a aplicação do direito reside predominantemente na interpretação entendida no mais amplo sentido, e esta, por sua natureza, faz apelo à invenção e, portanto, à *ars inveniendi* que é a tópica. Pertencem ainda ao domínio da tópica os argumentos de analogia, *a contrario*, *a maiori*, etc.

Donde resulta que, continua o professor português[23], caso se pretenda, como juristas, estar aptos a compreender algo da matéria em exame, é preciso ter os olhos abertos para a aporia fundamental que subjaz a toda construção sistemática erigida no âmbito da Jurisprudência. Há nestas zonas problemáticas cuja problematicidade jamais poderá ser eliminada. Toda jurisprudência é fundamentalmente aporética[24], a sua sistematização nunca poderá resultar

---

[23] ENGISCH, K. **Introdução ao pensamento jurídico**, p. XIV.
[24] Aporético significa inclinado a dúvidas; céptico. Deriva do grego *apodeiktikós,ê,ón* "demonstrativo, própria para convencer", de *apódeiksis* "prova, demonstração", de *apodeíknumi* "fazer ver,

numa sistemática fechada com pretensões a resolver, mediante simples deduções, todos os problemas lhe são postos: pelo que não poderá dispensar nunca a *tópica* como *ars inveniendi*, como arte de descobrir as premissas – os pontos de vista ou *topoi* que irão presidir à solução dos concretos problemas da vida.

O pensamento tópico-retórico, diferentemente do pensamento lógico-analítico, visa a persuadir e não a demonstrar, isto é, o que lhe importa é a busca, mediante processos argumentativos, do convencimento, do consenso, ou seja, de um senso comum capaz de fornecer aos indivíduos certa segurança em um terreno movediço como o direito que, dificilmente, se encontra em solo firme. Substitui-se, portanto, a procura de uma certeza (*logos* verdadeiro) no direito por uma intenção de encontrar uma razoablidade (*logos* razoável). Sendo ainda racional – acentuou João Baptista Machado[25] – sendo ainda um *logos*, todavia se distingue da lógica analítica; reconhecendo que o *logos* humano não se esgota nas formas intemporais da lógica pura, referida a um eu puro, mas se apresenta ainda sob outras formas menos rígidas e como nexos menos transparentes, como pensamento *situado*, *aberto*, problematicamente polarizado.

A tópica pretende fornecer indicações de como se comportar em situações problemáticas que não são passíveis de se ignorar (*aporéticas*), a fim de não ficar preso, sem saída. Ela pode ser pensada como uma espécie de tentativa de encontrar caminhos em labirintos, quando não se possui um mapa

---

mostrar", pelo lat.imp. *apodictìcus,a,um* "apodíctico, peremptório, sem réplica, decisivo".
[25] ENGISCH, K. **Introdução ao pensamento jurídico**, p. XI.

infalivelmente indicando a trajetória correta. Afigura-se, portanto, como uma técnica de pensamento problemático da qual se procura valer em ocasiões em que é incerta a chegada, mas que funciona como ponto de partida seguro.

Viehweg divide o pensamento tópico em tópica de primeiro grau e tópica de segundo grau.[26] Quando se depara, onde quer que seja, com um problema, pode-se naturalmente proceder de um modo simples, tomando-se, por meio de tentativas, pontos de vistas mais ou menos casuais, escolhidos arbitrariamente. Buscam-se deste modo premissas que sejam objetivamente adequadas e fecundas e que possam levar a consequências que iluminem. A observação ensina que na vida diária quase sempre se procede desta maneira. Nestes casos, uma investigação ulterior mais precisa faz com que a orientação conduza a determinados pontos de vista diretivos. Sem embargo, isto não se faz de uma maneira explícita. Para efeito de uma visão abrangente, tal procedimento é denominado de tópica de primeiro grau.

Sua insegurança salta à vista e explica que se trate de buscar um apoio que se apresenta, na sua forma mais simples, em um *repertório de pontos de vista* já preparados de antemão. Desta maneira, produzem-se catálogos de *topoi*, e a um procedimento que se utiliza destes catálogos chamado de tópica de segundo grau.[27]

A tópica é um procedimento de busca de premissas, é uma arte inventiva e não uma lógica demonstrativa. Viehweg ressalta a plenitude de sentido desta averiguação, pois, segundo ele, é possível distinguir

---

[26] VIEHWEG, T. **Tópica e jurisprudência**, p 36.
[27] VIEHWEG, T. **Tópica e jurisprudência**, p 36.

uma reflexão que busca o material para pensar, de outra que se ajusta à lógica. É igualmente claro que na prática esta última deve vir depois daquela. Vista desta maneira, a tópica é uma mediação prológica, pois, como tarefa, a *inventio* é primária e a *conclusio* secundária. A tópica mostra como se acham as premissas; a lógica recebe-as e as elabora.[28]

A ninguém[29] é dado conduzir uma prova objetiva sem lograr estabelecer com seu interlocutor, pelo menos, um círculo balizado pelo entendimento comum.

Os *topoi*[30] e os catálogos de *topoi* oferecem um auxílio muito apreciável. Porém o domínio do problema exige flexibilidade e capacidade de alargamento. Também se pode manejar o catálogo de *topoi* não sistematizado de uma disciplina qualquer. Pois o repertório é elástico. Pode ficar grande ou tornar-se pequeno. Em caso de necessidade, os pontos de vista que até determinado momento eram admissíveis podem considerar-se expressa ou tacitamente como inaceitáveis. A observação ensina, contudo, que isto é muito mais difícil e raro do que se pode supor, pelo menos em determinados campos. Custa muito trabalho tocar naquilo já fixado. Não obstante, também neste ponto o modo de pensar tópico presta um auxílio muito valioso sob a forma de *interpretação*. Com ela, abrem-se novas possibilidades de entendimento melhor, sem lesar as antigas. Acontece, assim, que se mantêm as fixações já efetuadas, submetendo-as a novos pontos de vista, que, frequentemente, produzem-se em uma conexão completamente distinta e tornam possível que

---

[28] VIEHWEG, T. **Tópica e jurisprudência**, p 40.
[29] VIEHWEG, T. **Tópica e jurisprudência**, p 41.
[30] VIEHWEG, T. **Tópica e jurisprudência**, p 42.

se dê às velhas fixações um novo rumo. Não que toda interpretação (exegese, hermenêutica, etc.) o faça, mas sim que pode fazê-lo. A interpretação constitui uma parte da tópica extraordinariamente apropriada nas mencionadas mudanças de situação. Nela, o dialético no sentido examinado pode ser claramente constatado.

Não obstante[31], quando se logra estabelecer um sistema dedutivo, a que toda ciência, do ponto de vista lógico, deve aspirar, a tópica tem de ser abandonada. Talvez na seleção das proposições centrais possa conservar, todavia, alguma importância, ao menos em determinados campos. Numa situação ideal, a dedução torna totalmente desnecessária a invenção. O sistema assume a direção. Decide por si só o sentido de cada questão. Suas proposições são demonstráveis de modo inteiramente lógico e rigoroso, quer dizer, "verdadeiras" ou "falsas", no sentido de uma lógica bivalente. Valores como "defensável", "ainda defensável", "dificilmente defensável", "indefensável", etc. carecem aqui de sentido. Construído a partir de si próprio, o sistema de proposições deve ser compreensível por si só, quer dizer, a partir da explicação lógica de suas proposições nucleares. Esta não pode ser alterada, tendo em vista uma eventual modificação da situação problemática. Originariamente, colocou-se em movimento uma problemática – à que as proposições centrais dão uma resposta definitiva –, porém seu progresso puramente lógico é independente do problema.

A tópica é uma construção teórica com arcabouço próprio e estrutura da sob a ótica da problematização.

---

[31] VIEHWEG, T. **Tópica e jurisprudência**, p 43 e 44.

Acentuou García de Enterría[32] que, em último extremo, poderia até chegar a se sacrificar toda esta penetrante e belíssima formulação e sempre permaneceria em pé a aportação conceitual e sistemática central da Tópica e Jurisprudência de Viehweg, isto é, que a Ciência Jurídica foi sempre, é e não pode deixar de ser uma ciência de problemas singulares, jamais redutível a ingênuos intentos, sempre falidos – ao esquema mental axiomático-dedutivo expressado nas matemáticas.

Em definitivo[33], entre a mais ou menos convencional reconstrução histórica que este livro acomete tão brilhantemente, importa reter, sobretudo, como ensinamento central para o jurista, ainda que outra coisa possa ser para o historiador das ideias ou para o filósofo, que, por tópica, há de se entender aqui, como Viehweg precisa, a "técnica de pensamentos de problemas", de um pensamento que opera por ajustes concretos para resolver problemas singulares partindo de diretrizes ou de guias que não são princípios lógicos desde os de poder deduzir com resolução, senão simples *loci communes* de valor relativo e circunscrito revelados pela experiência.

O jurista experimentado (e muito mais seguramente o jurista prático, ou ao menos o jurista teórico que não confunde a ciência com a classificação ou ordenação pseudológica ou didática do material normativo ou doutrinal) sente seu trabalho imediatamente

---

[32] GARCÍA DE ENTERRÍA, Eduardo. Prólogo. VIEHWEG, Theodor. **Topica e jurisprudencia**. Traducción de Luis Diez-Picazo Ponce de Leon. Madrid: Taurus, 1964, p. 13.
[33] GARCÍA DE ENTERRÍA, E. Prólogo. VIEHWEG, T. **Topica e jurisprudencia**, pp. 13 e 14.

reconhecido na descrição da tópica.[34]

Não há instituição sem um princípio informador e estes princípios, com a instituição mesma na qual se insertam e que unicamente cobram sentido, estão configurados em ordem para círculos problemáticos concretos, obedientes à estrutura tópica e não axiomática, no sentido em que Viehweg os utiliza em sua Tópica e Jurisprudência. As descobertas que Viehweg expõe em sua Tópica e Jurisprudência deixaram consagrado um pensamento institucional e às vezes não só cegam as pessoas ao acesso à ordem superior do Direito Natural, mas que, pelo contrário, as coloca na rota exata para compreender a efetividade verdadeira de dito direito nas estruturas positivas. Isso torna possível converter o que tão frequentemente é uma simples afirmação retórica e gratuita em uma técnica aplicável perfeitamente operante e comprometida.[35].

---

[34] GARCÍA DE ENTERRÍA, E. Prólogo. VIEHWEG, T. **Tópica e jurisprudencia**, p. 14.

[35] GARCÍA DE ENTERRÍA, E. Prólogo. VIEHWEG, T. **Tópica e jurisprudencia**, p. 18.

4

PONDERAÇÕES À TÓPICA

A Tópica capitaneada por Viehweg recebeu variadas objeções. Uma delas, quiçá a mais recorrente, é quanto à coerência conceitual. Manuel Atienza[36] sustenta que, praticamente, todas as noções básicas da tópica são extremamente imprecisas e, inclusive, equívocas. Para começar, frisa o jurista espanhol, por "tópica", na obra se Viehweg e seus seguidores, pode-se entender pelo menos três coisas diferentes[37]: 1) uma técnica de busca de premissas; 2) uma teoria sobre a

---

[36] ATIENZA, M. **As razões do direito**, pp. 70, 71 e 72. Aproveitamos quase integralmente as ponderações feitas por Manuel Atienza à obra de Theodor Viehweg, fazendo, apenas, breves acréscimos como, por exemplo, as críticas de K. Larenz e M. Reale, e melhoramos algumas referências bibliográficas. Conferimos todas as citações feitas pelo jurista espanhol, algumas obras em edições distintas das utilizadas por ele, contudo atribuímos estas ponderações mais ao seu poder de síntese e pesquisa do que ao nosso.

[37] **ALEXY**, Robert. **Theorie der juristischen argumentation**: die theorie des rational diskurses als theorie der juristischen begrundung. 2. aufl. Frankfurt am Main: Suhrkamp, 1983, p. 40. Conferir também OTTE, Gerhard. **Burgerliches recht und juristische methodenlehre**, 1970.

natureza das premissas e 3) uma teoria sobre o uso dessas premissas na fundamentação jurídica.

Há uma falta de clareza quanto ao que é tópico jurídico. Isto é o que constata Karl Larenz[38], ou seja, não se consegue depreender com exatidão o que Viehweg entende por tópico jurídico. Aparentemente, considera como "tópico" *toda e qualquer* ideia ou ponto de vista que possa desempenhar algum papel nas análises jurídicas, sejam estas de que espécie forem. Perante a possibilidade de empregos tão variados, não é de surpreender que cada um dos autores que usam o termo "tópico", hoje caído em moda, associe-lhe uma representação pessoal, o que tem de ser levado em conta na apreciação das opiniões expendidas.

Há uma extrema vagueza na noção de *problema* apresentada por Viehweg. A mera concessão[39] de importância prioritária ao pensamento problemático não basta, por si mesma, para caracterizar, de forma unívoca nem excessivamente original, uma direção metodológica ou uma teoria do Direito. Para isso seria necessário, entre outras coisas – o que falta na obra de Viehweg e na de seus sucessores –, uma caracterização que deveria ser dotada de uma especificidade maior do que a que supõe a identificação de 'problema' com toda questão que admita mais de uma resposta, como parece

---

[38] *Tópicos jurídicos* serão pois argumentos utilizados na solução de problemas jurídicos, e que podem contar neste domínio com a concordância geral, o *"consensus omnium"*. (...) Como tópicos jurídicos qualifica também Viehweg conceitos como "declaração de vontade", "parte essencial" bem como os princípios jurídicos materiais, razões justificativas de regimes legais positivos como a "tutela da boa fé" e as causas de imputação de danos. LARENZ, K. **Metodologia da ciência do direito**, pp. 203 e seguintes.

[39] GARCÍA AMADO, J. A. **Teorías de la tópica jurídica**, p. 114.

ser o entendimento de Viehweg. Para levar a efeito essa tarefa, seria interessante ter em conta a doutrina do *status* que, historicamente, significou a ponte entre a retórica e a jurisprudência, e que foi concebida como um meio para esclarecer as questões apresentadas nos casos jurídicos e fixar assim os pontos em disputa.[40]

O conceito de *topos* foi historicamente equívoco[41] (e o é também nos escritos de Aristóteles e Cícero) e é usado em vários sentidos: como equivalente a argumento, como ponto de referência para a obtenção de argumentos, como enunciados de conteúdo e como formas argumentativas.

Em uma obra de 1971, G. Struck examinou a função dos *topoi* no raciocínio jurídico adjungindo-se em enumerar um catálogo de sessenta e quatro "lugares (comuns) utilizados no direito".[42] R. Alexy[43], após analisá-la, assinalou o fato de nela encontrarmos *lugares comuns* tão díspares quanto *"lex posterior derrogat legi priori"*, o "o inaceitável não pode ser exigido" e "propósito".

Garcia Amado[44], após discutir o que subsiste da noção de *topos* jurídico, conclui: "Resumindo, vimos que dos tópicos se disse que são pontos de vista

---

[40] GIULIANI, Alessandro. La "nuova retorica" e la logica del linguaggio normativo. **Rivista internazionale di filosofia del diritto**. 47. Milano: Giuffré, 1970, pp. 374-390 [LG].

[41] GARCÍA AMADO, J. A. **Teorías de la tópica jurídica**, p. 129.

[42] STRUCK, Gerhard. **Topische Jurisprudenz**; argument und gemeinplatz in der juristischen arbeit. Frankfurt aM.: Suhrkamp, 1971.

[43] **ALEXY**, R. **Theorie der juristischen argumentation**, p. 40.

[44] GARCÍA AMADO, J. A. **Teorías de la tópica jurídica**, p. 135.

referidos ao caso, regras diretivas, lugares-comuns, argumentos materiais, enunciados empíricos, conceitos, meios de persuasão, critérios que gozam de consenso, fórmulas heurísticas, instruções para a invenção, formas argumentativas etc. E como tópica citam-se adágios, conceitos, recursos metodológicos, princípios do Direito, valores, regras da razão prática, *standards*, critérios de justiça, normas legais, etc.".

Por fim[45], as noções de *lógica* e de *sistema*, que na obra de Viehweg funcionam como os principais termos de contraste para caracterizar a tópica, também suscitam muitos problemas. O mínimo que se pode dizer é que Viehweg exagera na contraposição entre pensamento tópico e sistemático (quer dizer lógico-dedutivo), que sua noção de sistema axiomático ou de dedução é mais estreita que as utilizadas pelos lógicos e que estes não parecem ter maior inconveniente em reconhecer a importância da tópica no raciocínio (concretamente, no raciocínio jurídico), mas sem que isso signifique prescindir da lógica.

Outra crítica é quanto à contraposição entre saber problemático e saber sistemático que Viehweg estabelece em sua teoria tópica. Segundo Miguel Reale[46], esta contraposição não passa de uma abstração e acusa o jusfilósofo alemão de excluir indevidamente o saber sistemático do campo do direito. Em Tópica e Jurisprudência, na qual com razão dá realce ao caráter tópico ou problemático do Direito, Theodor Viehweg chega a uma conclusão que parece a Miguel Reale[47] inaceitável, no que diz respeito à impossibilidade de se

---

[45] ATIENZA, M. **As razões do direito**, p. 72.
[46] REALE, Miguel. **O direito como experiência**. São Paulo: Saraiva, 1968, p. 274.
[47] REALE, M. **O direito como experiência**, p. 135.

compreender a Jurisprudência como unidade lógico-sitemática, a tal ponto que os chamados princípios gerais de direito não passariam de *topoi*, de meros critérios diretivos de conduta, de valor prático, mas não de valor lógico, no sentido rigoroso deste termo.

Miguel Reale estende as suas críticas a Josef Esser[48] para quem é o problema e não o sistema, em sentido racional, que constitui o centro do pensamento jurídico, de tal modo que, sobre a base de problemas singulares, constituir-se-ia, de maneira cada vez mais prevalecente, uma casuística de *topoi*, isto é, de princípios como elementos dinâmicos, ou pontos de vista firmados por estimativas concretas.

---

[48] ESSER, Josef. **Principio y norma en la elaboración jurisprudencial del derecho privado**. Traducción del alemán por Eduardo Valentí Fiol. Barcelona: Bosch, 1961, p. 09.

5

HERMENÊUTICA JURÍDICA E TÓPICA

Hermenêutica e tópica estão estritamente relacionadas. O pensamento interpretativo tem de mover-se, segundo Viehweg[49], dentro do estilo da tópica. A tópica se infiltra no sistema jurídico por meio da interpretação, exigida pelo estado efetivo de direito.

Os estudos retóricos e sua importância para o direito nunca chegaram a desaparecer. A hermenêutica, na época de Schleiermacher, era voltada para o critério de imparcialidade, a boa interpretação era aquela em que o juiz não tomava parte. O bom hermeneuta não era aquele que buscava convencer e persuadir de forma eticamente aceitável, mas aquele que age de forma neutra. A retórica servia como instrumento de hermenêutica, a ideia de senso comum funcionava com um bom controle da imparcialidade, com uma ligação com a moral muito importante, embora esta retórica tenha sofrido um desgaste em determinado momento.

Esta tradição retórica, fundada no senso comum, no final do século XIX, já estava em decadência. G. B. Vico tentou recuperá-la, seu desejo era expor o

---

[49] VIEHWEG, T. **Tópica e jurisprudência**, p. 81, conferir, também, pp. 41 e 42.

contraste existente entre esta nova forma de pensar e entre o pensar antigo, mas sua voz só foi ouvida muito tempo depois. Era o auge do método geométrico, demonstrativo (expor e demonstrar). A retórica, orientada por uma natureza ética, é colocada em um plano secundário. O relevante era a objetividade, torna-se uma espécie de bem dizer, mas não um instrumento no campo do direito (positivismo).[50] Surge uma hermenêutica reclamando objetividade para reivindicar sua condição de ciência.

No plano das ciências, a partir da época moderna, o discurso persuasivo perdia, cada vez mais, para os métodos demonstrativos. Estes métodos[51] consistem em partir de uma série de princípios e axiomas que devem ter as propriedades de plenitude, compatibilidade e independência. Viehweg constatou que este método não possui aplicabilidade na jurisprudência. Defendeu a ideia de que, embora esquecida, a retórica é algo importante para os juristas, pois estes interpretam tendo como objetivo os processos argumentativos.

O século XIX desembocou em uma grande crise hermenêutica. Viehweg resgatou as origens, ou seja, o modo de pensar retórico. Nesta conformidade, acentuou Larenz[52], a tópica jurídica considera como mistificadora a Jurisprudência do século XIX, que procurou inferir de modo lógico-dedutivo decisões de proposições jurídicas construídas por via conceitual,

---

[50] VIEHWEG, Theodor. Que veut-on dire par positivisme juridique? **Archives de philosophie du droit**. (Philosophies d' aujord'hui en presence du droit). n° 10. Paris: Sirey, 1965, pp. 181-190.

[51] ATIENZA, M. **As razões do direito**, p. 68.

[52] LARENZ, K. **Metodologia da ciência do direito**, p. 202.

conceitos esses inferidos de alguns conceitos de grau superior (axiomas) e ordenados em sistema. A Jurisprudência só conseguiria cumprir a sua verdadeira missão, ou seja, o responder à questão de saber o que é justo em cada caso[53], aqui e agora, se procedesse topicamente.

Durante um largo período, a retórica foi deslegitimada, pois não preenchia o "correto" proceder científico. A Jurisprudência, para reivindicar a sua "condição de ciência", deveria adequar-se aos padrões de correção, como se isso fosse possível à ciência do Direito. Viehweg analisou e situou a específica tensão entre as teorias de G. B. Vico e R. Descartes, pois as ciências humanas (ciências do espírito) não podiam ser incluídas no método da certeza (cartesiano). Os juristas tentavam ser exemplo de demonstradores, embora não passassem de meros retóricos. Parece claro, afirmava Viehweg[54], que o modo de pensar dos juristas e dos retóricos é o mesmo. Existe uma identidade de atitude, fato que não deixa de ser substancial para uma consideração da jurisprudência do ponto de vista da ciência.

O pensamento analítico não está sujeito a incertezas históricas. Um bom exemplo desta maneira de raciocinar é a assertiva matemática de que a soma de um mais um foi, é e sempre será igual a dois. Porém,

---

[53] Ressalve-se, como fez o próprio Karl Larenz, que, distintamente de Robert Alexy, por exemplo, com sua defesa da "justeza de enunciados normativos", Viehweg, assim como Perelman, posicionam no sentido de que é preciso tentar encontrar argumentos "aceitáveis" para os interlocutores, surgindo a "aptidão de consenso" no lugar da justeza (decisão correta dos casos). LARENZ, K. **Metodologia da ciência do direito**, p. 214.

[54] VIEHWEG, T. **Tópica e jurisprudência**, p. 56.

como é sabido, as realidades humanas subjazem ao devir temporal. Logo, há a indagação recorrente sobre a possibilidade de submetê-las a um exame científico, mediante um pensamento teorético-racional, mesmo sabendo que não se verificará a presença do infalível critério de correção. Como bem indaga João Baptista Machado[55], não será o domínio das realidades humanas, históricas e contingentes, suscetível duma indagação *racional*, se bem que sem aquele caráter de ciência apodítica?

A resposta que o pensamento tópico-retórico oferece a esta questão é afirmativa, ou seja, é possível pensar logicamente as realidades humanas e entre elas o direito. Entretanto, é preciso ter em mente que será uma exploração racional concretamente situada, será, portanto, um pensamento sem peias nem amarras, criativo, aberto. Será, segundo João Baptista Machado[56], um pensamento que intenta não tanto à comunicação atemporal de um "adquirido", de um "resultado", como antes a exploração de seu objeto – e não tanto à demonstração quanto à persuasão. Não se trata de um pensamento que se opõe aos esquemas ou sistemas axiomatizados, mas os utiliza como instrumentos, sobrepondo-se-lhes e complementando-os. Por outro lado, versa sobre realidades individuais históricas, que foca por meio de perspectivações múltiplas, simultâneas e comparatísticas. Mantendo os elementos expressivos do *logos* originário, não perde, contudo, os seus elementos racionais, a sua dimensão informativa – o seu rigor. A lógica da argumentação seria uma lógica de juízos de valor, referentes ao

---

[55] ENGISCH, K. **Introdução ao pensamento jurídico**, p. XIV.
[56] ENGISCH, K. **Introdução ao pensamento jurídico**, p. XV.

preferível, em que a adesão nunca é simples submissão, mas decisão e comprometimento.

As técnicas interpretativas que, aparentemente, no século XIX, deveriam se basear em uma noção de objetividade perderam completamente sua viabilidade. Na medida em que se começa a observar o fenômeno jurídico e perceber que os processos interpretativos não subjazem aos critérios de verdade e falsidade, ganha força o critério que tenta situá-los no terreno do que é geralmente aceito[57]. É preciso, já diria Hannah Arendt, "está entre os homens", ou seja, a ideia de senso comum é fundamental. O que a tópica enfoca é que não dá para pensar de forma lógico-dedutiva em matéria jurídica. O tema da persuasão passou a assumir fundamental importância, pois é preciso convencer. Um dos critérios que se recupera é o do consenso e não mais a certeza com se pretendia nos séculos anteriores. Talvez porque a melhor hermenêutica tenha a ver com o problema do consenso. Passa-se da questão de encontrar a verdade ou falsidade para se verificar, agora, como o consenso é produzido.

A tentativa de fazer da hermenêutica uma ciência objetiva entrou em crise. Repentinamente, surgiu uma nova tendência que é a retórica, que põe a objetividade de lado, para dar lugar ao tema da argumentação, passa-se a um problema de *con-vencer* (um problema de "vitória"). Como fazer com que todos os atores do cenário jurídico possam se convencer. Esta virada deu-se na década de 50, tendo a Tópica e Jurisprudência de Viehweg como obra fundadora deste ciclo de

---

[57] No terreno do que é conforme as opiniões aceitas, pode-se aspirar também a um efetivo entendimento e não a uma simples e arbitrária opinião. VIEHWEG, T. **Tópica e jurisprudência**, p. 43.

discussões na área jurídica.

Os velhos problemas hermenêuticos, talvez, possam ser resolvidos através do estabelecimento de consenso. O pensamento jurídico, segundo Viehweg, é dado a partir do problema, a atividade jurídica (hermenêutica) também lida com este modo de pensar a partir de problemas. Os tópicos empregam-se[58] para pôr em marcha a discussão de um problema e abordá-lo, por assim dizer, de vários lados, bem como para descobrir o contexto inteligível, sempre anterior ao problema, em que este tem lugar. Mas enquanto o pensamento dedutivo sistemático procura apreender este contexto inteligível como um sistema omnicompreensivo, como uma rede de deduções lógicas, o pensamento tópico não abandona o terreno definido pelo próprio problema, insiste sempre no problema e regressa sempre ao problema. Pensar juridicamente é uma forma de pensamento muito peculiar e a tópica é uma tentativa de caminho possível para começarmos a pensar o problema. Só que pensar a partir de problemas "é problemático", ou seja, começa e termina com o problema (trabalha-se no terreno da dúvida).

Não raro, no âmbito jurídico, o que parece simples pode ser algo confusamente complexo e ensejar uma variedade de discussões. É preciso notar, por exemplo, o que acontece com a conceituação de renda. Quais os conceitos de renda que pragmaticamente vem se entendendo, ou seja, não se pode saber qual é o verdadeiro e o falso na definição do que é renda, mas há um conceito de renda que, ao longo dos anos, vem se formando, isto é, constrói-se, no decorrer da

---

[58] LARENZ, K. **Metodologia da ciência do direito**, p. 202.

histórica, um consenso sobre o conceito de renda. Uma discussão sobre o que renda quer dizer, a partir da constituição, no século XIX, seria resolvida facilmente por meio de uma solução em que se levasse em conta a objetividade (falso-verdadeiro). Contudo, não há um conceito verdadeiro de renda. O problema de definição do que é renda desloca-se então do terreno da veracidade para o acordo entre os juristas sobre o que vem a ser renda. Logo, por não se saber exatamente o que é renda precisamos caminhar no sentido de estabelecer um consenso sobre o que ela seja. Este esforço se dá na seara argumentativa, do convencimento (argumentação mais convincente).

Conforme Kelsen, não existe um sentido unívoco, existem vários – embora exista um que prepondere. Para ele, o tema acaba aqui, todavia o problema vai além. A hermenêutica kelseniana resulta em uma teoria da produção normativa, mas a teoria da decisão não é apenas uma teoria da produção normativa, tem de se buscar o consenso, com argumentações mais fortes, com argumentações mais fracas. De algo que parecia tão simples, a tomada de decisão passa a ser uma questão (um problema) muito importante. É preciso ultrapassar o âmbito da produção normativa e enfrentar as questões sobre a cientificidade do direito sob um ângulo de visão muito mais amplo do que aquele em que o jurista austríaco a observa.

Pode[59] resultar paradoxal que a teoria tópica de Viehweg que reclama para a Ciência Jurídica sua humildade e suas limitações resulte, posteriormente, libertadora e ampliadora de horizontes, pois estes

---

[59] GARCÍA DE ENTERRÍA, E. Prólogo. VIEHWEG, T. **Tópica e jurisprudencia**, p. 18.

efeitos são sempre uma virtude da verdade, seja qual for, e não do poder e da força. Não é pouco livrar o Direito como ciência dessa sorte de complexo de inferioridade que vem padecendo desde que o mundo moderno perfeccionou as ciências físicas ou axiomáticas. Outro é o caminho e, portanto, a dignidade da ciência jurídica. Na sociedade nova em incessante transformação e permeada de problemas jurídicos inéditos, ter plena consciência deste ensinamento é, sem dúvida, o melhor serviço que pode se prestar às possibilidades reais da justiça.

O mérito da obra de Viehweg foi a descoberta de uma área de investigação. Algo que, definitivamente, parece se adaptar ao "espírito" da tópica.[60] Em nossos dias, predomina a compreensão de que o direito lida com situações argumentativas. A concepção de cientificidade do Direito envolve a aceitação da discussão como elemento constitutivo da própria noção de Ciência.

As investigações científicas estão intimamente relacionadas com problemas. As repostas, pondera Adonai S. Sant'Anna, nem sempre são óbvias e o questionamento é fundamental. Analisando as ideias sobre eletrodinâmica de Maxwell e Weber, este Matemático observa que até as teorias científicas mais consagradas não são imunes à reformulação e chega à seguinte conclusão: "Ciência é isto: discussão"[61].

---

[60] ATIENZA, M. **As razões do direito**, p. 79.
[61] SANT'ANNA, Adonai S. E se um aluno perguntar: Maxwell ou Weber? **Scientific American Brasil**. São Paulo, ano 3, nº 26, julho de 2004, p. 20.

Razão e Hermenêutica Jurídica

A interpretação é uma função essencial para que o direito possa se concretizar. A tomada de decisões no direito se mostra como mistério que a razão não consegue penetrar profundamente.

Defender a ideia de que a interpretação jurídica figura no âmbito da irracionalidade não se mostra sensato. Todavia, ela aparenta colocar-se além dos meandros da razão, percorrendo sendas desconhecidas numa profundidade em que a razão não alcança.

Uma situação jurídica pode originar interpretações tão díspares, que pareceria inviável a restrição delas a uma única inferência da razão.

Em decisão do Tribunal Superior Eleitoral, de 27 de março de 2007, que deveria responder à Consulta (CTA) 1398, do Partido da Frente Liberal (PFL), que indagava se os partidos e coligações tinham "o direito de preservar a vaga obtida pelo sistema eleitoral proporcional quando houver pedido de cancelamento de filiação ou de transferência do candidato eleito por um partido para outra legenda", podem ser encontradas respostas afirmativas e negativas, embora tenha prevalecido a orientação pela resposta negativa.

O ministro Marcelo Ribeiro, por exemplo, respondeu que não pode haver perda do mandato, se o candidato eleito troca de partido, "porque essa penalidade não está prevista nem na Constituição Federal nem em normas infraconstitucionais". Ele complementou que, em seu entendimento, "o artigo da Constituição que estabelece os casos de perda de mandato – o artigo 55 – é exaustivo e não comportaria essa hipótese extra, de infidelidade partidária".

Por outro lado, para o ministro Gilmar Mendes, a resposta adequada era a de que o abandono da legenda deveria ser punido com a perda do mandato, pois, "embora haja participação especial do candidato na obtenção de votos com o objetivo de posicionar-se na lista dos eleitos, tem-se que a eleição proporcional se realiza em razão de votação atribuída à legenda".

A razão que leva uma das posições a prevalecer em detrimento da outra se afigura como algo que a própria razão se mostra incapaz de explicar.

Não raro, de uma instância julgadora para outra, a interpretação acerca do que seja o direito varia enormemente.

No dia 19 de fevereiro de 2009, o Conselho Nacional de Justiça divulgou a quinta edição da "Justiça em Números". Os números são referentes ao ano de 2007.

A Justiça Trabalhista possui a maior taxa de reforma das decisões da primeira e segunda instâncias do Judiciário brasileiro, sendo que a segunda instância da Justiça do Trabalho se mostra como a que mais reforma decisões dos juízes de primeiro grau.

De cada cem sentenças das varas trabalhistas submetidas à análise dos tribunais regionais, quarenta e três são modificadas. O índice de reforma das decisões de segundo grau contestadas no Tribunal Superior do Trabalho é de 25,3%.

O Tribunal de Justiça de Minas Gerais vê mais da metade (52,5%) de suas decisões reformadas nos tribunais superiores em Brasília.

Quando as decisões jurídicas são tomadas em órgãos colegiados, a ausência de similitude entre as interpretações acerca do que seja o direito não se afigura menor. Várias decisões coletivas do Supremo Tribunal Federal, por exemplo, costumam revelar onze interpretações díspares e, muitas vezes, torna-se difícil extrair[62] qual o posicionamento do órgão máximo do judiciário brasileiro.

Em casos extremamente parecidos é possível encontrar decisões extremamente distintas. Julgadores diversos apresentam interpretações muito destoantes no julgamento de casos equivalentes.

Dois casos muito semelhantes, envolvendo o princípio da insignificância e valores quase idênticos, foram sentenciados de modo distinto por diferentes ministros do Supremo Tribunal Federal.

No primeiro, o ministro Ricardo Lewandowski, aplicando entendimento consagrado do próprio STF (reconhecendo a necessidade de aplicação do princípio da insignificância em casos de *"pouca ou nenhuma relevância"*), suspendeu a ação penal, oriunda do RS (HC 99054), de um acusado de causar prejuízo de R$ 96,33 – em razão de uma ligação clandestina de água encanada, caracterizada como furto.

---

[62] Em artigo, os professores Virgílio Afonso da Silva e Conrado Hübner Mendes ponderaram que *se nos perguntarmos o que o STF pensa sobre várias das questões constitucionais relevantes, dificilmente alguém saberá responder com precisão, a despeito da quantidade de decisões disponíveis na internet e de julgamentos transmitidos pela televisão. Com maior frequência, o que se pode identificar nesse emaranhado de decisões, disponíveis às vezes quase em tempo real, é tão-somente a soma de **11 decisões individuais**, que não têm a menor pretensão de construir uma posição institucional consistente.* Entre a transparência e o populismo judicial. *Folha de São Paulo*, São Paulo, 11 de maio agosto de 2009, Caderno A (Opinião: Tendências/Debates), p. 03. (Destacou-se)

No segundo caso, o ministro Marco Aurélio negou liminar (HC 98944) no pedido de uma condenada pelo furto de caixas de gomas de mascar avaliadas em R$ 98,80, de MG. Ao decidir sobre o pedido de liminar, o ministro Marco Aurélio reconheceu o pequeno valor do dano causado em virtude do furto, mas não aplicou o princípio da insignificância para suspender a ação penal.

6

INTERPRETAÇÃO JURÍDICA COMO REMISSÃO CONTÍNUA AO NOVO (INOVAÇÃO)

A interpretação no direito "não é uma reprodução mecânica, uma repetição fiel, uma tradução literal, tanto é verdade que essa não é apenas constatadora da norma, mas é também modificadora, portanto, não apenas restringe e estende, mas remete ao novo continuamente, em contato com a vida social em movimento, a expressão envelhecida, e o que equivale a dizer que no sempre novo repensamento que ela faz da norma, vivifica-a adequando-a aos novos casos ou aos casos não previstos, e nela sempre nova atribuição de valor a mesma palavra repetida, que já não é o valor de tal palavra, que enquanto pura escrita destacada do pensamento não possui nem valor nem significado, mas o valor mesmo do ato espiritual, que o repetindo o repete cada vez de um modo diverso em conformidade com as finalidades que o espírito coloca a si mesmo".[63]

A análise que o ilustre pensador italiano faz da

---

[63] Bobbio, Norberto. *L'analogia nella lógica del diritto*. A cura di Paolo Di Lucia. Milano: Giuffrà, 2006, p. 165.

hermenêutica jurídica afigura-se bastante pertinente. No Supremo Tribunal Federal, por exemplo, prevaleceu, durante muito tempo, o posicionamento de que a proibição à forma progressiva de cumprimento de pena era constitucional (em conformidade com o disposto no artigo 2°, § 1°, da Lei 8.072/90).[64] A situação atual se mostra totalmente modificada. Os julgadores, ao se depararem novamente com a questão da *progressão de regime nos crimes hediondos, não fizeram uma* "reprodução mecânica", "uma repetição fiel", "uma tradução literal" do § 1.°, do artigo 2.°, da Lei n. 8.072/90 (Lei dos Crimes Hediondos). Ao contrário, eles modificaram tal disposição normativa, deixaram de reconhecer sua constitucionalidade e autorizaram a progressão no regime de cumprimento da pena, nas espécies fechado, semi-aberto e aberto, levando em conta a maior ressocialização do preso que, eventualmente, voltará ao convívio social. Trata-se de nítida evolução jurisprudencial e de novo entendimento do princípio da individualização da pena, assentando a inconstitucionalidade do artigo 2°, § 1°, da Lei n° 8.072/90 (HC 82959/SP, Relator: Min. Marco Aurélio, Julgamento: 23/02/2006, Órgão Julgador: Tribunal

---

[64] Inúmeras decisões da magna corte brasileira ilustram essa afirmação: "O Supremo Tribunal Federal continua entendendo pela constitucionalidade do cumprimento integral da pena em regime fechado, no caso dos crimes hediondos" (STF, HC 77.023/5-SP, 2ª T., rel. Min. Maurício Corrêa, j. 12-5-1998, m.v., *DJU*, 14 ago. 1998, p. 6). Em sentido similar: STF, HC 69.657-SP, rel. Min. F. Rezek, *RTJ* 147/598; HC 69.603-SP, rel. Min, P. Brossard, *RTJ* 146/611; STF, HC 69.377-MG, rel. Min. C. Velloso, *DJ*, 16 abr. 1993; HC 75.634/4-SP, 2ª T., j. 4-11-1997, rel. Min. Carlos Velloso; STF, HC 77.562-3-MS, 2ª T., rel., Min. Maurício Corrêa, j. 9-2-1999, *DJU*, 9-4-1999, *RT* 766/535.

Pleno, Publicação: DJ 01-09-2006).

Interpretação do direito é momento ativo ou criativo do direito. Interpretar afigura-se como "o conhecer de um ato espiritual por meio de sua expressão, mas conhecê-lo para realizá-lo". Interpretar juridicamente "não é apenas conhecimento que tem por objeto um ato, mas também realização desse mesmo ato, e não tem então somente uma função cognoscitiva, mas possui senão a função de manter sempre atual a vida do espírito, mediante aquele "entender", que não é apenas uma reconstrução passiva do processo já uma vez terminado, mas elaboração, adaptação, aperfeiçoamento, renovação, ou em resumo, nova atuação do espírito por meio da intelecção daquela fórmula, em que o ato espiritual está expresso, mas não exaurido de uma vez por todas".[65]

O Plenário do Supremo Tribunal Federal declarou a inconstitucionalidade do § 1º, do artigo 2º, da Lei nº 8.072/90 (HC 82.959). Ao fazê-lo, a corte brasileira entendeu violada a garantia constitucional da individualização da pena. Garantia que inclui, sem dúvida, a fase de execução da pena aplicada. Ao agir nesse sentido, o STF não fez "apenas uma reconstrução passiva" de um processo "já uma vez terminado". Pelo contrário, preferiu encarar o direito na perspectiva de contínua "elaboração, adaptação, aperfeiçoamento, renovação".

"Em contato com a vida social em movimento", o STF reinterpretou "a expressão envelhecida" § 1º, do artigo 2º, da Lei nº 8.072/90. Vivificou-a adequando-a às "finalidades que o espírito coloca a si mesmo", isto

---

[65] Bobbio, N. *L'analogia nella lógica del diritto*, pp. 167 e 168.

é, a interpretação jurídica se mostrou como uma "sempre nova atribuição de valor a mesma palavra repetida, que já não é o valor de tal palavra, que enquanto pura escrita destacada do pensamento não possui nem valor nem significado, mas o valor mesmo do ato espiritual, que o repetindo o repete cada vez de um modo diverso". Logo, o outrora constitucional § 1º, do artigo 2º, da Lei nº 8.072/90 acabou sendo considerado inconstitucional ante a recusa do STF em negar a progressão no regime de cumprimento de pena, entendendo que tal progressão finca raízes na Constituição de 1988.[66]

Interpretação Jurídica; desdobramentos e dificuldades

Interpretação jurídica afigura-se como relevante tema a ser analisado pelos que se dedicam a estudar o direito. Diversas teorias procuram examinar o

---

[66] É que a Constituição Federal proíbe a pena de morte (salvo em caso de guerra declarada, nos termos do inciso XIX do artigo 84) e o aprisionamento em caráter perpétuo (alíneas "a" e "b" do inciso XLVII do artigo 5º), no claro pressuposto da regenerabilidade da pessoa que se encontre em regime de cumprimento de condenação penal. O que responde pela consagração, também de matriz constitucional, da garantia da individualização da pena e consequente progressão no devido regime prisional Recurso extraordinário conhecido e provido, para declarar a inconstitucionalidade do § 1º do art. 2º da Lei nº 8.072/90 e remeter ao Juízo da execução a análise do preenchimento de outros requisitos, notadamente os de índole subjetiva. (RE 472584/MG, Relator: Min. Carlos Britto, Julgamento: 30/05/2006, Órgão Julgador: Primeira Turma, Publicação: DJ 30-06-2006).

problema da hermenêutica jurídica apresentando variadas perspectivas de abordagem. As contribuições de Bobbio à análise da interpretação no direito não se estruturam em uma teoria acabada. Elas merecem, portanto, reflexões mais profundas objetivando contribuir para amplo debate em torno dessa temática.

Muitos pensam que o problema da interpretação só se mostra propriamente no momento da tomada da decisão jurídica. Situam-no ora como interpretação da legislação e sua aplicação aos fatos, ora como interpretação dos fatos e a busca de possíveis soluções legais.

Alguns doutrinadores, buscando ultrapassar a hermenêutica jurídica tradicional preconizam que não se deve trabalhar em termos de interpretação legal (normativa) ou interpretação da lei (norma), mas em termos de interpretação do texto legal (texto de lei ou texto normativo).

Outros teóricos do direito, deslocando o problema da interpretação jurídica da legislação para os fatos, preferem sustentar a tese de que não se interpretam as leis, mas os fatos e situam sua reflexão naquilo que costumam denominar de suporte fático. O juiz trabalha sobre um suporte fático e deve analisá-lo segundo a legislação vigente.

Embora tais formulações tragam aportes que devem ser considerados em uma reflexão sobre interpretação jurídica, parece necessário ir além das reflexões tradicionais acerca de tal questão. A interpretação jurídica envolve espectro muito mais amplo de abrangência.

O problema da interpretação não deve ser considerado apenas quando os feitos processuais estão conclusos aos juízes. Desde logo, torna-se necessário assinalar que a demanda jurídica a reclamar interpretação e solução jurisdicional é também fruto de uma interpretação.

O juiz não julga fatos. Ele julga relatos fáticos. Tais relatos chegam a ele por meio de uma petição judicial que é a interpretação que o demandante tem de determinada situação jurídica. O demandante interpreta que dada situação não corresponde ao que ele interpreta como o direito e requer do judiciário uma resposta sobre a procedência de sua interpretação. O judiciário dirá se a interpretação que o demandante faz acerca de uma questão jurídica é procedente ou improcedente.

O judiciário interpretará a interpretação do demandante. Deverá fazer um juízo acerca da procedência ou improcedência da interpretação para a qual o demandante postula provimento. Por outro lado, há também a interpretação contrária, vez que o direito lida com interpretações divergentes sobre dada situação.

O julgador deve interpretar uma controvérsia judicial, isto é, há versões contrárias acerca de um mesmo fato. Fato, aliás, que o julgador não conhece em si (tal qual efetivamente ocorreu), mas tem notícias dele apenas mediante relatos fáticos (interpretações dos fatos dadas pelos litigantes).

Versões contrárias acerca do mesmo fato nada mais são do que percepções distintas sobre uma mesma situação, isto é, interpretações diferentes (pontos de vista diversos) sobre um mesmo acontecimento.

A visão do contribuinte acerca da cobrança tributária pode ser diferente da visão do fisco. Contribuinte e fisco possuem interpretações divergentes em relação à legalidade da cobrança de determinado tributo ou ao modo de como tal tributo é cobrado. A legislação tributária poderá ser interpretada de maneira distinta pelo fisco e pelo contribuinte.

Ao analisar o relato fático o juiz não o analisa apenas à luz da legislação vigente. Ele não age como mero autômato a buscar mecanicamente a legislação aplicável ao relato fático sob sua análise, mas ele já possui um pré-conceito, isto é, uma pré-compreensão acerca daquela situação e, ao analisá-la, considera-a em uma perspectiva histórica.

A interpretação jurídica não se dá fora do contexto de determinada época e o intérprete não se encontra em uma realidade paralela, "em que pese todas as pretensões à objetividade, o intérprete não pode abolir seu pertencer ao mundo, de modo que sempre se dá uma tensão entre o sentido original do texto e o atual. O aqui e o agora, ou a historicidade do Direito, por meio do caso, do problema proposto, atua continuamente no sentido da norma, no evoluir jurídico do texto".[67]

Direito e decisão jurídica

O direito não se acha pronto de acabado antes da decisão jurídica. O direito é maior que a lei e não deve ser confundido com ela. O julgador interpreta dispositivos jurídicos[68], objetivando adequá-los ao

---

[67] *A natureza da coisa, a razoabilidade jurídica, a nova retórica assentada na argumentação, a busca dos valores e princípios, a tópica, o sistema jurídico aberto e a noção de historicidade do Direito formam um quadro dentro do qual se descobre continuamente a norma jurídica, o próprio Direito.* Baleeiro, Aliomar. *Direito Tributário Brasileiro.* 11ª edição revista e comentada por Misabel Derzi. Rio de Janeiro: Forense, 2008, p. 675.

[68] *É hoje um postulado quase universal da ciência jurídica a tese de que não*

relato fático sob sua apreciação. Sua interpretação não é a tentativa de repercutir o que o legislador queria dizer, tampouco explicar a vontade da lei. Ao inverso. Munido das disposições normativas (muitas vezes complementando-as) e considerando o relato fático ante seu juízo, ele confere-lhes vida, torna-os direito vigente, tal como ele os vivencia.

Ao resolver as demandas, cabe ao juiz dar os acabamentos finais na construção do direito.[69] O direito resulta da conjugação do indispensável ofício judicante e de outras variáveis. Não existe direito *a priori* e automaticamente aplicável aos relatos fáticos antes da tarefa interpretativa do juiz responsável por analisar e resolver a demanda sob sua tutela. Tal tarefa não se mostra automática. Pelo contrário, "hoje se afirma em toda parte o papel criador do juiz. O abandono da caduca concepção de uma aplicação da lei, como silogismo lógico dedutivo, em favor de uma compreensão jurídica, parece uma aquisição definitiva".[70]

A interpretação (jurídica) consiste na escolha (ou na opção pela produção) de uma proposição jurídica e na sua "adequação" à demanda (se houver alguma adaptável) objetivando decidir um conflito de interesse. Importa salientar que tal "adequação" será criativa.[71] Interpretação em direito é, "radicalmente,

---

há norma sem interpretação. Ferraz Jr., Tercio Sampaio. *A ciência do direito*. 2ª edição. São Paulo: Atlas, 1980, p. 68.

[69] *As palavras e conceitos da lei referem-se à decisão de valor do legislador e são pelo juiz continuamente aperfeiçoadas.* Tipke, Klaus & Lang, Joachim; [colaboração] Roman Seer.. [*et al.*]. *Direito Tributário*. Volume I. Tradução Luiz Dória Furquim. Porto Alegre: Fabris, 2008, p. 308.

[70] Baleeiro, A. *Direito Tributário Brasileiro*, p. 675.

[71] *L'interpretare una norma di legge è sempre un creare, da parte*

fazer uma sentença, tomar uma decisão, resolver um caso. Não cabe buscar interpretação – seja dos fatos, seja do direito – fora do que o juiz decide"[72].

A possível existência de caminhos condutores das decisões jurídicas não impede que esta seja tomada sem levá-los em conta, ou seja, nada obsta a decisão de advir de uma trilha jamais imaginada. O direito convive com os "ineditismos", pois nada pode garantir a direção a ser adotada por aquele a quem compete a tarefa de julgar.

O relevante em uma interpretação, para configurá-la como jurídica, é a autenticidade da autoridade judicante. Uma decisão, para ser devidamente denominada de jurídica, não depende do cumprimento de "pré-condições".[73] Não há a necessidade de se basearem em fontes legais, tampouco respeitarem modelos previamente estabelecidos, para ser considerada jurídica, desde que prolatada no curso da judicatura.

A juridicidade de um *decisum* sustenta-se sob a legitimidade de quem decide a controvérsia judicial. Seria o que se costuma denominar de "interpretação-

---

dell'interprete, una realtà della norma. Micheli, Gian Antonio. *Corso di Diritto Tributario.* Terza edizione aggiornata ed emendata. Torino: Uinione Tipografico-Editrice Torinese, 1976.

[72] *El juez, como transformador de la información fáctica y normativa previas, es una caja negra; no sabemos qué ocurre dentro de ella, no nos interesan los procesos psicológicos e gnoseológicos que puedan explicar los sucesos dentro de esa caja negra, dentro de la cabeza del juez. Lo que importa es lo que el juez produce cuando firma su sentencia.. los hechos no son otra cosa sino aquello que el juez declara al respecto, al resolver el caso.* Vernengo, Roberto Jose. *La interpretación jurídica.* México: UNAM, 1977, p. 11.

[73] Em sentido contrário, Aarnio, Aulis. *Oikeussäännösten tulkinnasta; tutkimus lainopillisen perustelun rationaalisuudesta ja hyväksyttävyydestä.* Helsinki: Jurídica, 1982, pp. 28 e ss.

decisão"[74], isto é, a interpretação consiste no propor ou no decidir de atribuir a dada expressão determinado significado à preferência de outros.[75] A "interpretação decisão" é estipulação; "os juízes, possuindo a obrigação de decidir a controvérsia, não podem se limitar a descrever os significados atuais ou possíveis dos enunciados legislativos, devendo escolher um significado determinado, recusando os outros. O significado pode ser pacífico ou controverso, mas em ambos os casos este significado não pode ser, pelo juiz, simplesmente descrito, devendo ser decidido".[76] Interpretar juridicamente é decidir (selecionar entre alternativas).

Fruto do espírito humano, o direito vivencia os mistérios e, ao longo da história, jamais deixou de ser capaz de surpreender os homens. Logo, não é custoso

---

[74] Guastini, Riccardo. *Teoria e dogmática delle fonti*. Milano: Giuffrè, 1998, pp. 07 e ss.

[75] *Essas significações, que vão possibilitar mentar o objeto, a norma, se extraem não apenas do texto legal em sua estrutura interna, mas ainda do contexto maior em que se insere a proposição jurídica, inclusive as circunstâncias históricas e sociológicas em que o texto foi produzido e no qual ele é colhido pelo intérprete. Sem se alterarem os signos e suas significações tópicas, presentes em um único enunciado lingüístico da lei, altera-se profundamente o sentido, a norma, uma vez feitas as associações no contexto normativo e no meio histórico em que se insere. O objeto jurídico – a norma – é construído **hic et nunc**.* Baleeiro, A. *Direito Tributário Brasileiro*, p. 676.

[76] *L'interpretazione consiste nel proporre o nel decidere di attribuire ad uma data espressione un significato determinato a preferenza di altri. La "interpretazione-decisione" è una stipulazione.. i giudici – **avendo l'obbligo di decidere la controversia** – non possono limitarsi a descrivere i significati attuali o determinato, respingendo gli altri. Il significato prescelto può essere pacifico o controverso, ma in entrambi i casi questo significato non può essere, dal giudice, semplicemente descritto. In ogni caso, questo significati deve essere deciso.* Guastini, R. *Teoria e dogmática delle fonti*, p. 07.

afirmar, com a mais lídima convicção, a não existência de um método jurídico. Mesmo aqueles que insistem em uma estrutura determinada designada "conjunto de normas" precisam saber que essas são produtos de decisões, "provêm do nada e ao nada podem ser reenviadas. A força que as "produz", ou seja, as evoca ou refuta, constrói ou destrói, nada mais é que a vontade dos homens"[77]. Na realidade, "os seres humanos, para escapar à responsabilidade da decisão e à agonia da escolha, buscam ocultar a circunstância de que todas elas dependem", em última análise, das atitudes humanas.[78]

O querer humano afigura-se constantemente mutável, estabelecendo, desestabelecendo e restabelecendo normas conforme as circunstâncias. A arbitrariedade é condenável e se mostra louvável a existência de teorias denunciadoras dessa triste realidade. A não ocorrência de arbitrariedades constitui um intento coletivo, mas não é por tal motivo que elas deixam de acontecer.

Ainda que não almejável, uma decisão arbitrária acaba se tornando jurídica (diversas decisões absurdas são emanadas diariamente dos tribunais brasileiros). Os arbítrios fazem parte da realidade jurídica e pretender negá-los a condição de jurídicos por serem arbitrários, configura desconhecimento da existência

---

[77] Irti, Natalino. *Niilismo e método jurídico*. *Revista Trimestral de Direito Civil*. Rio de Janeiro. Vol. 15, pp. 133-143. jul./set. 2003, p. 135.

[78] Ross, Alf Niels Christian. *Om ret og retfærdighed*. København: Nyt Nordisk Forlag Arnold Busck, 1953. Citado da tradução para o português de Edson Bini. *Direito e Justiça*. Bauru: Edipro, 2003, p. 347.

de consequências indeléveis emanadas de sentenças com essas características.

A quantidade de contribuintes que são obrigados a pagar tributos indevidos é enorme. Decisões que desconsideram a nítida existência de bitributação, por exemplo, são efetivamente executadas e o são por estarem acobertadas pelo manto da juridicidade.

Não há notícias de que o fisco tenha deixado de cobrar um tributo (claramente indevido, mas com decisão jurídica favorável à fazenda pública e determinando sua cobrança) por crer que tal decisão não se mostra como direito. A não ocorrência de arbitrariedades no direito representa um intento coletivo, porém não é iniludível.

As situações jurídicas dão-se em meio às incertezas, envolvem dúvidas, que serão submetidas à apreciação de um terceiro. Caso a situação fosse evidente por si só, seria ridículo submetê-la a um juiz, pois não haveria o que decidir, não pairaria dúvida alguma, sendo suficiente efetuar um silogismo lógico.

Uma situação sobre a qual nenhuma penumbra paira para dirimi-la não pode ser objeto de uma decisão, de uma escolha. Para ser jurídico, afigura-se necessário haver mais de uma possibilidade, pois, do contrário, não se estaria ante uma decisão e sim de uma dedução.

A decisão jurídica não deve ser confundida com mera dedução lógica, isto é, como simples aplicação de um dispositivo ao caso *sub judice*, mas requer "uma atividade mental independente a realizar por quem decidirá".[79] Ademais, o julgador pode dar uma decisão

---

[79] *Immer bedarf es noch einer selbständigen Denktätigkeit desjenigen, der die Entscheidung geben soll, regelmäßig sogar einer erheblichen Denkarbeit.* Isay, Hermann. *Rechtsnorm und Entscheidung.* Berlin: Franz Vahlen, 1929,

interpretando a realidade diferentemente do realmente ocorrido (não existe isenção tributária, mas o julgador, por interpretação analógica, diz que há, por exemplo, para os livros eletrônicos).

A decisão pode estar completamente na contramão dos fatos, como é o caso de uma condenação de pagar um tributo que o contribuinte não deve. A plausibilidade de uma decisão jurídica dessa natureza pode ser amplamente questionada, todavia a sua juridicidade jamais, até mesmo porque ela será executada (cumprida) justamente por ser jurídica. Mesmo que o contribuinte faticamente não tenha realizado o fato gerador da dívida tributária (foi vítima de lançamento indevido), se o juiz reconheceu em um dado caso que o contribuinte deve o tributo reclamado pelo fisco, aquele que faticamente não possui a dívida (ou seja, aquele que na realidade não deveria ser tributado) deverá cumprir a decisão que o condena a pagar o tributo.

As valorações nos argumentos qualificados como "especificamente jurídicos" são necessárias, no entanto não são racionalmente fundamentáveis. A constatação de que as valorações necessárias em muitas decisões jurídicas são relevantes moralmente não diz muito. O dever de quem decide de se orientar em um sentido juridicamente relevante de acordo com valorações moralmente corretas é o pressuposto de uma tese plenamente insustentável[80], pois nem a meiga Alice, em seu país das maravilhas, ousaria acreditar "valorações

---

p. 20.

[80] Alexy, Robert. *Theorie der Argumentation*; die Theorie des rationalen Diskurses als Theorie der juristchen Begründung. 2. Aufl. Frankfurt am Main: Shurkamp, 1991, p. 26.

moralmente corretas". Talvez uma tese como essa encontrasse solo fértil no âmbito da teologia ou quem sabe até mesmo na área filosófica, porém no direito (entendida aqui como efetiva vivência jurídica) deve ser veementemente rechaçada.

O que realmente seja a decisão jurídica e qual relação ela estabelece com o emaranhando de dispositivos legais circundando a obtenção de uma resolução para o caso concreto não pode ser encarado como um simples processo de pensamento, supostamente alicerçado na crença de que é "possível determinar previamente a solução correta do caso concreto. (...) Semelhante tese não pode ser afirmada nem muito menos sustentada", pois, notoriamente, não existe "uma definição e um parâmetro permitindo a aceitação dessa suposição. Em cada caso concreto, aparece uma situação imprevisível constituindo o inevitável ponto de partida desde o qual há de se buscar a solução".[81]

A interpretação é um ato de decisão que constitui uma possível adequação de uma proposição jurídica ao caso em trâmite judiciário, não se caracterizando como

---

[81] "*Nach allen Vorhergehenden wird man nun mit Ungeduld die Frage aufwerfen, was denn zuletzt die richtige Entscheidung ist, die auf Kosten aller Normen und Regeln in den früheren Entscheidungen gefunden werden. Es verhält sich nun aber so, daß die Frage über die richtige Lösung besteht. Und das ist eben nach unserer Ansicht nicht möglich. Wir haben keine Definition, keinen Maßstab dafür bereit. Es liegt jedesmal eine ganz neue und unvoraussehbare Situation vor, zu dem ersten Standpunkt genommen werden kann, wenn sie aktuell geworden ist und dringend eine Lösung verlangt. Und man muß selbst an der konkreten Situation beteiligt sein, um die Tatsache, die wir Recht nennen, zu verstehen. Was Recht in einer konkreten Situation ist, kann daher nicht definiert oder unter bestimmte Begriffe gebracht werden*". Cohn, Georg. *Existenzialismus und Rechtswissenschaft*. Basel: Helbing & Lichtenhahn, 1955, pp. 150 e ss.

descrição de um significado dado *a priori*.[82]

Não há solução correta para uma demanda jurídica. Intentar defender tal ponto de vista é insistir em manter a hermenêutica jurídica sob o "véu de Penélope". É nítida a não plausibilidade de se aferir a correção de uma decisão jurídica. Querer a existência de uma única solução correta para os litígios não passa de um aforismo falacioso, pois é evidente a sua impossibilidade linguística, lógica e jurídica.[83]

Interpretação é "claramente (*kaikenkaikkiaan*) uma escolha (*valintaa*) entre (*välillä*) diversas (*eri*) opções (*vaihtoehtojen*)".[84] As alternativas são múltiplas e indefinidas. Não se pode saber qual delas estaria de acordo ou não com o "direito". A correção da decisão jurídica resultante da interpretação não é verificável, pois não há parâmetros de correspondência, não existe o direito (*a priori*) com o qual ela deve ser contrastada.

A insistência em se defender a ideia de critérios apropriados na hermenêutica jurídica precisa ser sepultada. Entender a interpretação como uma separação de critérios objetivos válidos e inválidos talvez constitua erro de avaliação. Poder-se-ia sustentar acertadamente que a legislação, por exemplo,

---

[82] *l'interprétation d'un texte juridique n'est pas le résultat d'une activité intellectuelle de connaissance d'une signification préexistante, mais le résultat d'un choix entre plusieurs signification possibles.* Guastini, Riccardo. Interprétation et description de normes. In.: Amselek, Paul (Org.) *Interprétation et Droit.* pp. 89-101. Marseille/Bruxelles: Presses Universitaires D'aix-Marseille/Bruylant, 1995, pp. 97 e 98.

[83] Makkonen, Kaarle. *Zur Problematik der juristischen Entscheidung.* Eine Struktur-analytische Studie. Turku: Turun Yliopisto, 1965, pp. 214 e ss.

[84] *Kaikenkaikkiaan tulkinta on valintaa eri vaihtoehtojen välillä.* Aarnio, Aulis. *Laintulkinnan teoria; yleisen oikeustieteen oppikirja.* Helsinki: WSOY, 1989, p. 242.

representa um desses critérios objetivos, porém persiste o problema de como esse parâmetro será avaliado visando à resolução da demanda.

A perspectiva de que se encontre a decisão correta para os casos submetidos à apreciação jurídica não passa de uma mera intenção, isto é, algo almejado, derivada, sobretudo, da crença na concretização de uma aplicação ideal do "direito".

A interpretação lida com um rol de possibilidades. O juiz deve escolher uma delas. Há parâmetros normativos para que ele possa se basear para tomar uma decisão, mas, "importa notar que, pela via da interpretação autêntica, quer dizer, da interpretação de uma norma pelo órgão jurídico que a tem de aplicar, não somente se realiza uma das possibilidades reveladas pela interpretação cognoscitiva da mesma norma, como também se pode produzir uma norma que se situe completamente fora da moldura que a norma a aplicar representa".[85]

---

[85] *Dabei ist zu beachten, daß im Wege authentischer Interpretation, das heißt Interpretation einer Norm durch das Rechtsorgan, dass diese Norm anzuwenden hat, nicht nur eine der durch die erkenntnismäßige Interpretation der anzuwendenden Norm aufgezeigten Möglichkeiten realisiert, sondern eine Norm erzeugt werden kann, die völlig außerhalb des Rahmens liegt, den die anzuwendende Norm darstellt"*. Kelsen, Hans. *Reine Rechtslehre*. 2. Auflage. Wien: Franz Deuticke, 1960, p. 352.

REFERENCIAIS BIBLIOGRÁFICOS

Aarnio, Aulis. **Laintulkinnan teoria; yleisen oikeustieteen oppikirja**. Helsinki: WSOY, 1989.

Aarnio, Aulis. Oikeussäännösten tulkinnasta; **tutkimus lainopillisen perustelun rationaalisuudesta ja hyväksyttävyydestä**. Helsinki: Jurídica, 1982.

Alexy, Robert. **Theorie der Argumentation**; die Theorie des rationalen Diskurses als Theorie der juristchen Begründung. 2. Aufl. Frankfurt am Main: Shurkamp, 1991.

Aristóteles. **Organon** (Livros I-VI). Tópicos – V. Tradução, prefácio e notas de Pinharanda Gomes. Lisboa: Guimarães Editores, 1987. Aristoteles. **Organon** (Livres I-VIII). Topiques – V. Nouvelle traduction et notes par J. Tricot. 12ª édition. Paris: Librairie Philosophique J. Vrin, 1950

Atienza, Manuel. **As razões do direito**; teorias da argumentação jurídica. 2ª edição. Tradução de Maria Cristina Guimarães Cupertino. São Paulo: Landy, 2002.

Baleeiro, Aliomar. **Direito Tributário Brasileiro**. 11ª edição revista e comentada por Misabel Derzi. Rio de Janeiro: Forense, 2008.

Bobbio, Norberto. **L'analogia nella lógica del**

diritto. A cura di Paolo Di Lucia. Milano: Giuffrà, 2006.

Cícero, M. T. **De oratore**. 2, 39, 162. Ver, ainda, Aristóteles. Tópicos. H, in fine. REALE, G. **História da filosofia antiga**. Volume II.

Cohn, Georg. **Existenzialismus und Rechtswissenschaft**. Basel: Helbing & Lichtenhahn, 1955.

Curtius, Ernst Robert. **Europäische Literatur und lateinisches Mittelalter**. Bern: Francke, 1948

Engisch, Karl. **Introdução ao pensamento jurídico**. Tradução e prefácio de J. B. Machado. 2ª edição. Lisboa: Calouste Gulbenkian, 1964.

Entre a transparência e o populismo judicial. **Folha de São Paulo**, São Paulo, 11 de maio agosto de 2009, Caderno A (Opinião: Tendências/Debates).

Esser, Josef. **Principio y norma en la elaboración jurisprudencial del derecho privado**. Traducción del alemán por Eduardo Valentí Fiol. Barcelona: Bosch, 1961.

Ferraz Jr., Tercio Sampaio. **A ciência do direito**. 2ª edição. São Paulo: Atlas, 1980.

Ferraz Jr., Tercio Sampaio. **Introdução ao estudo do direito**; técnica, decisão, dominação. 3ª edição. São Paulo: Atlas, 2001.

García Amado, Juan Antonio. **Teorías de la tópica jurídica**. Madrid: Civitas, 1988.

García De Enterría, Eduardo. Prólogo. VIEHWEG, Theodor. **Topica e jurisprudencia**. Traducción de Luis Diez-Picazo Ponce de Leon. Madrid: Taurus, 1964.

Giuliani, Alessandro. La "nuova retorica" e la logica del linguaggio normativo. **Rivista internazionale di filosofia del diritto**. 47. Milano: Giuffré, 1970.

Guastini, Riccardo. **Interprétation et description de normes**. In.: Amselek, Paul (Org.) Interprétation et Droit. pp. 89-101. Marseille/Bruxelles: Presses Universitaires D'aix-Marseille/Bruylant, 1995.

Guastini, Riccardo. **Teoria e dogmática delle fonti**. Milano: Giuffrè, 1998.

Irti, Natalino. **Niilismo e método jurídico**. Revista Trimestral de Direito Civil. Rio de Janeiro. Vol. 15, pp. 133-143. jul./set. 2003.

Isay, Hermann. **Rechtsnorm und Entscheidung**. Berlin: Franz Vahlen, 1929.

Kelsen, Hans. **Reine Rechtslehre**. 2. Auflage. Wien: Franz Deuticke, 1960.

Larenz, Karl. **Metodologia da ciência do direito**. 3ª edição. Tradução de José Lamengo. Lisboa: Calouste Gulbenkian, 1997.

Makkonen, Kaarle. **Zur Problematik der juristischen Entscheidung**. Eine Struktur-analytische Studie. Turku: Turun Yliopisto, 1965.

Micheli, Gian Antonio. **Corso di Diritto Tributario**. Terza edizione aggiornata ed emendata. Torino: Uinione Tipografico-Editrice Torinese, 1976.

Otte, Gerhard. **Burgerliches recht und juristische methodenlehre**, 1970.

Perelman, Chaïm. **Lógica jurídica**. Tradução de Vergínia K. Pupi. São Paulo: Martins Fontes, 2000.

Reale, Giovanni. **História da filosofia antiga** (Volumes I-V). Volume II. Tradução de Henrique Cláudio de Lima Vaz e Marcelo Perine. São Paulo: Loyola, 1994.

Reale, Miguel. **O direito como experiência**. São Paulo: Saraiva, 1968.

Ross, Alf Niels Christian. **Om ret og retfærdighed**. København: Nyt Nordisk Forlag Arnold Busck,

1953. Citado da tradução para o português de Edson Bini. Direito e Justiça. Bauru: Edipro, 2003.

Sant'anna, Adonai S. E se um aluno perguntar: Maxwell ou Weber? **Scientific American Brasil**. São Paulo, ano 3, nº 26, julho de 2004.

Silva, Virgílio Afonso e Mendes, Conrado Hübner. Entre a transparência e o populismo judicial. **Folha de São Paulo**, São Paulo, 11 de maio agosto de 2009, Caderno A (Opinião: Tendências/Debates).

Struck, Gerhard. **Topische Jurisprudenz**; argument und gemeinplatz in der juristischen arbeit. Frankfurt aM.: Suhrkamp, 1971.

Tipke, Klaus & Lang, Joachim; [colaboração] Roman Seer... [et al.]. **Direito Tributário. Volume I**. Tradução Luiz Dória Furquim. Porto Alegre: Fabris, 2008.

Vernengo, Roberto Jose. **La interpretación jurídica**. México: UNAM, 1977.

Viehweg, Theodor. Que veut-on dire par positivisme juridique? **Archives de philosophie du droit**. (Philosophies d' aujord'hui en presence du droit). nº 10. Paris: Sirey, 1965.

Viehweg, Theodor. **Tópica e jurisprudência**. Tradução de Tercio Sampaio Ferraz Jr. Brasília: Departamento de Imprensa Nacional, 1979.